# Con cariño para:

_________________________________

Te doy la bienvenida a este espacio creado especialmente para ti.

Este libro contiene 50 frases para reflexionar, que buscan ayudarte a que te conozcas mejor y que identifiques áreas de tu vida en las que te quieras enfocar.

Te recomiendo que trabajes una pregunta al día.

## ¿Cómo usarlo?

No tienes que avanzar en orden, puedes abrir el libro en una página al azar cada día.

Lee cuidadosamente la frase central que está escrita en primera persona para que sea más sencillo interiorizarla. Después lee las preguntas complementarias como si alguien cercano te las estuviera preguntando para ayudarte a reflexionar.

Frase

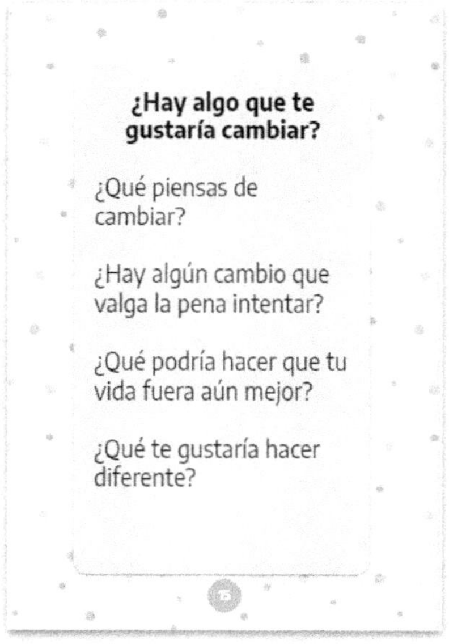


Preguntas complementarias

Una vez que hayas leído las preguntas tendrás 2 espacios para trabajarlas.

## Mapa mental:

Escribe al centro del mapa la pregunta, o la respuesta principal que hayas pensado.
A continuación traza las ideas que vayan surgiendo, pensando cómo esto se relaciona con tu familia, tu trabajo o cualquier área de tu vida.
¡Deja fluir tu imaginación!

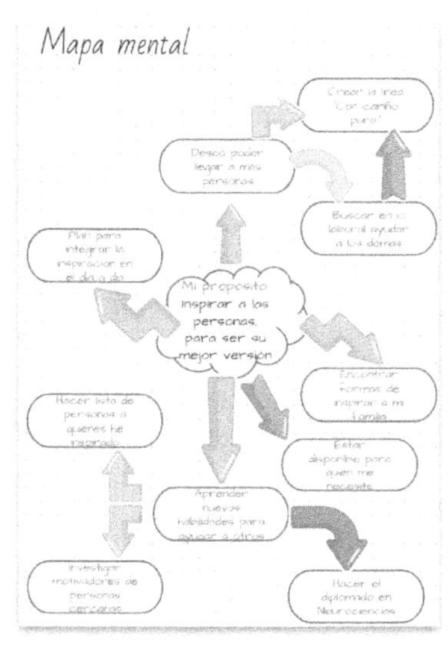




## Reflexión y plan de acción

Al terminar tu mapa mental aprovecha la página de reflexión para anotar lo que descubras. Una práctica que te ayudará es escribir al menos durante 2 minutos sin levantar el lápiz. Al finalizar lee nuevamente y resalta qué cosas nuevas identificas, como te sientes y qué acciones quieres te gustaría emprender.

Un cambio que trajo algo muy positivo fue...

# ¿Qué cambios han traído cosas positivas a tu vida?

¿Qué cambios creíste que no podrías superar y lo lograste?

¿Qué habilidades dominaste a raíz de un cambio?

¿Qué nuevos aprendizajes recuerdas?

# Mapa mental

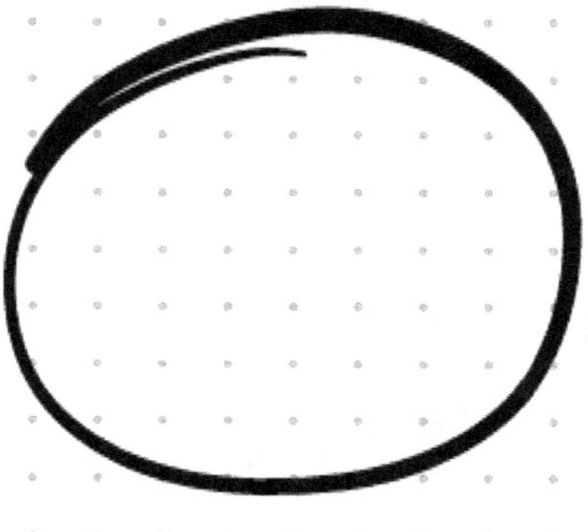

Mapa mental

# Reflexión y plan de acción

# Los retos más importantes de mi vida...

# ¿Cuáles han sido los retos más importantes de tu vida?

¿Qué sentiste que era muy complicado?

¿En algún momento pensaste que no podrías?

¿Cómo lo superaste?

¿Cómo te sientes hoy?

# Mapa mental

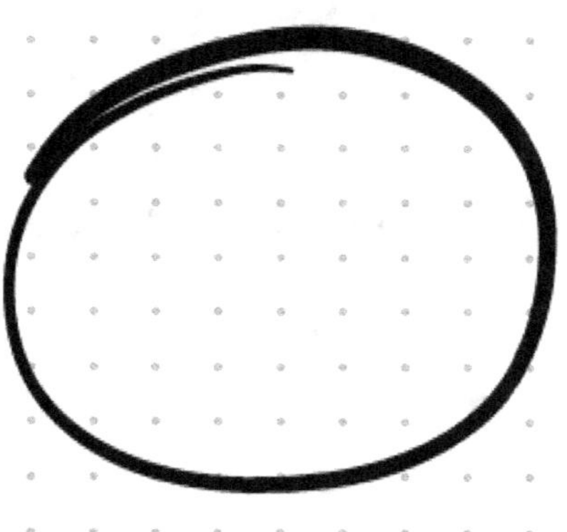

# Reflexión y plan de acción

# Me gustaría cambiar...

# ¿Hay algo que te gustaría cambiar?

¿Qué piensas de cambiar?

¿Hay algún cambio que valga la pena intentar?

¿Qué podría hacer que tu vida fuera aún mejor?

¿Qué te gustaría hacer diferente?

# Mapa mental

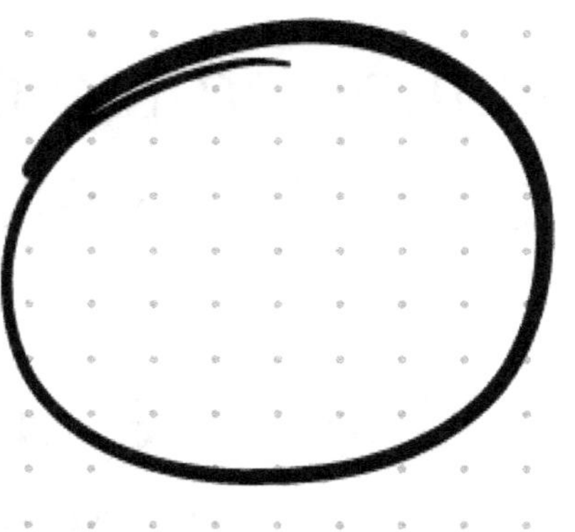

# Reflexión y plan de acción

# Sufro incomodidad cuando...

# ¿En qué situaciones sufres de incomodidad?

¿Es frecuente o raro que sufras de incomodidad?

¿Qué haces cuando esto sucede?

¿Hay algo que haces o dejas de hacer para no sentir incomodidad?

¿Qué resultados positivos y negativos ha traído esto a tu vida?

# Mapa mental

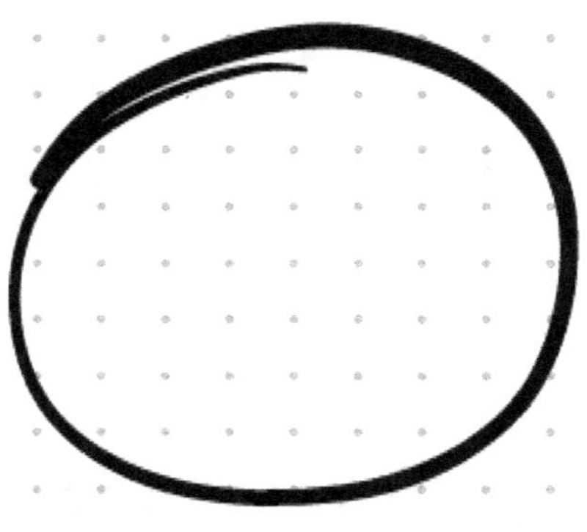

# Reflexión y plan de acción

# Mi sueño es...

# ¿Cuáles son tus sueños?

¿Qué sueños ya cumpliste?

¿Has prestado atención a ellos recientemente, o están guardados en un cajón?

¿Qué has hecho recientemente para que se conviertan en realidad?

¿Te has quedado esperando a que algo pase, o lo estás provocando?

# Mapa mental

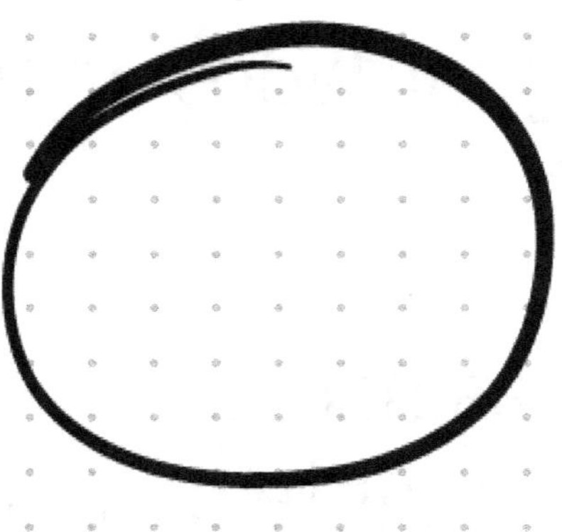

# Reflexión y plan de acción

# He sentido éxito cuando...

# ¿En qué has tenido éxito?

Piensa en cualquier área de tu vida, quizá en algún pasatiempo o alguna actividad que te sale muy bien.

¿Cómo reconociste el éxito?

¿Cómo podrías utilizar estas habilidades en otras áreas de tu vida para hacerlas exitosas también?

# Mapa mental

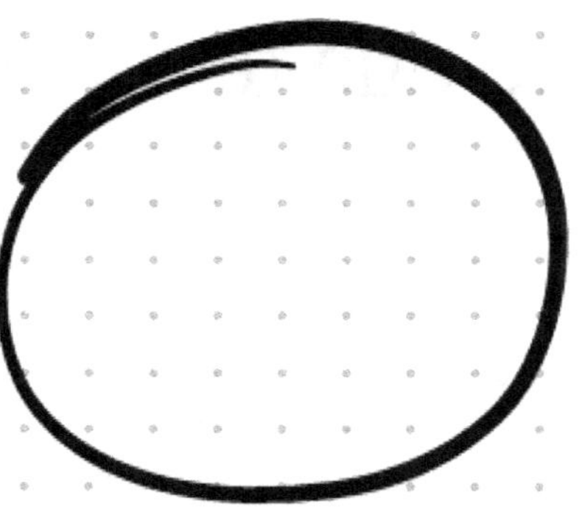

# Reflexión y plan de acción

# Lo que me detiene es....

# ¿Qué te detiene?

Dedica un tiempo a pensar qué es lo que te detiene.

¿Tienes alguna meta, o algo que has querido lograr y que no has iniciado?

¿O que inicias pero abandonas?

¿Existe alguna forma en la que puedas avanzar?

¿Qué podrías hacer diferente?

# Mapa mental

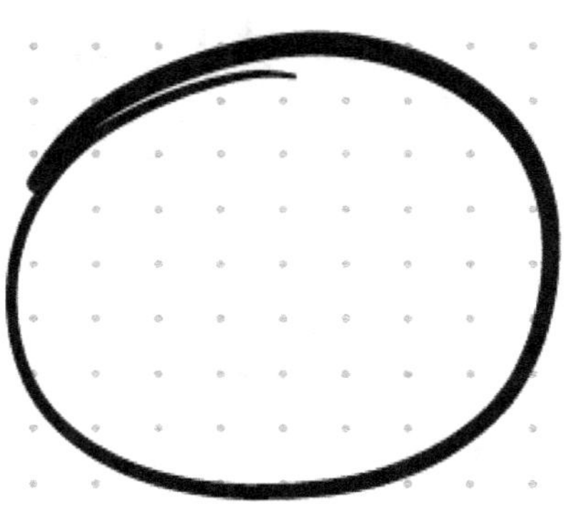

# Reflexión y plan de acción

# Los demás me ven como....

# ¿Cómo te ven los demás?

¿Qué partes de ti muestras y que partes ocultas?

¿Te ven como tú sientes que eres?

¿Hay diferencias en cómo te ven y como eres en realidad?

¿Cómo te sientes con la imagen que das?

# Mapa mental

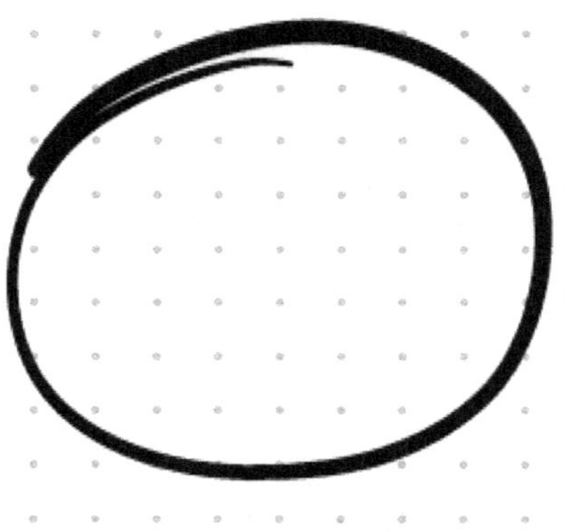

# Reflexión y plan de acción

# Lo que me apasiona es...

# ¿Qué te apasiona?

¿Qué te llena de energía y te da satisfacción?

¿Qué es aquello con lo que pierdes la noción del tiempo?

¿Con qué actividad sientes que late más tu corazón?

¿Qué tanto de eso haces hoy?

# Mapa mental

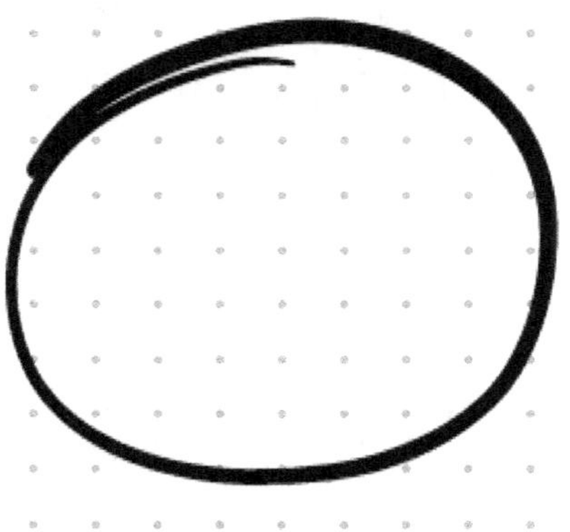

# Reflexión y plan de acción

# Soy un ejemplo cuando....

# ¿Qué es lo que más te gusta del ejemplo que das?

¿Cuáles son las cosas positivas que haces todo el tiempo?

¿Qué te gustaría que más gente hiciera como tú?

¿Por qué sabes que estás siendo un ejemplo?

# Mapa mental

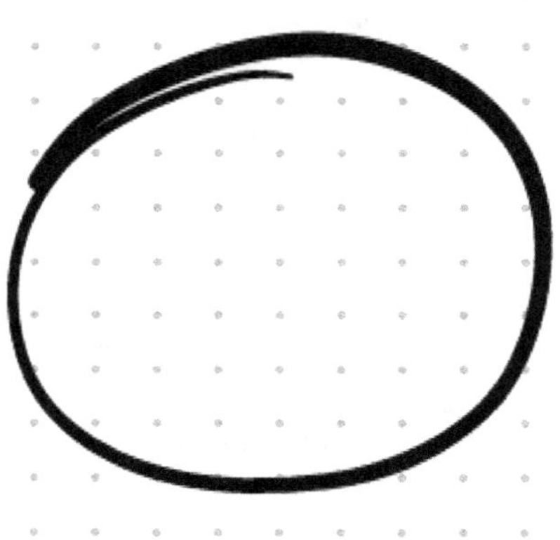

# Reflexión y plan de acción

# Mi propósito es...

# ¿Cuál es tu propósito?

¿Lo has definido antes?

¿Sigue siendo vigente?

¿Lo que hoy haces está vinculado a tu propósito?

¿Cómo te sientes con esto?

¿Hay alguna forma en la que podrías conectar más con tu propósito en el día a día?

# Mapa mental

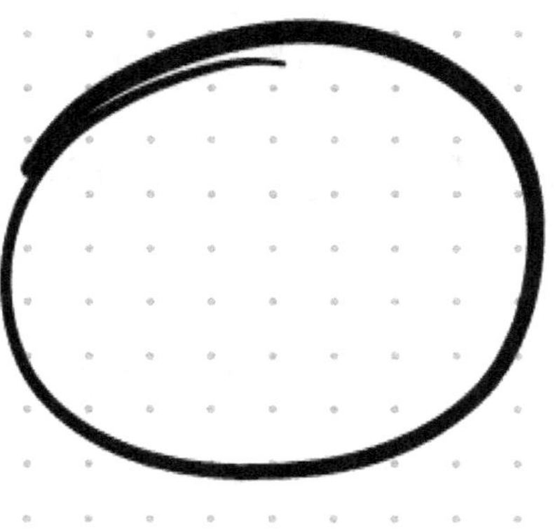

# Reflexión y plan de acción

Reflexión y plan de acción

# Me gustaría invitar a mi vida...

# ¿Qué te gustaría invitar a tu vida?

¿Hay algo que sería bueno que aprendieras?

¿Alguna relación que vale la pena acercar?

¿Una actividad o conocimiento que crees que puede ayudar a ser más feliz?

# Mapa mental

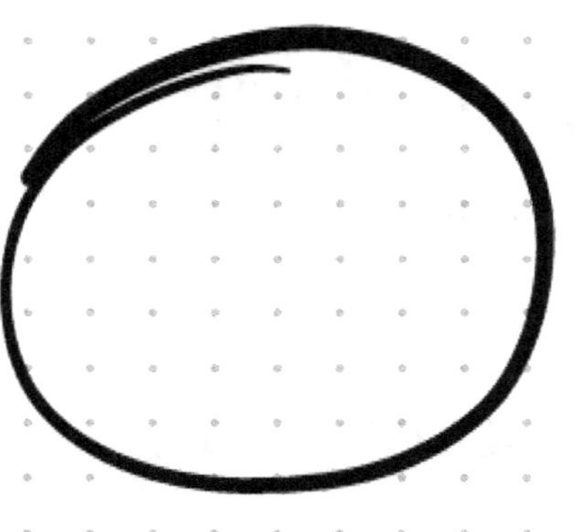

# Reflexión y plan de acción

Reflexión y plan de acción

# Mis habilidades son...

# ¿Qué habilidades tienes?

¿Has hecho un inventario de tus habilidades? Dedica un tiempo para hacer una lista, sin levantar el lápiz al menos por 3 minutos sigue escribiendo aunque se repitan, trata de no pensar demasiado.

Al finalizar vuelve a revisar la lista y nota cómo te sientes.

# Mapa mental

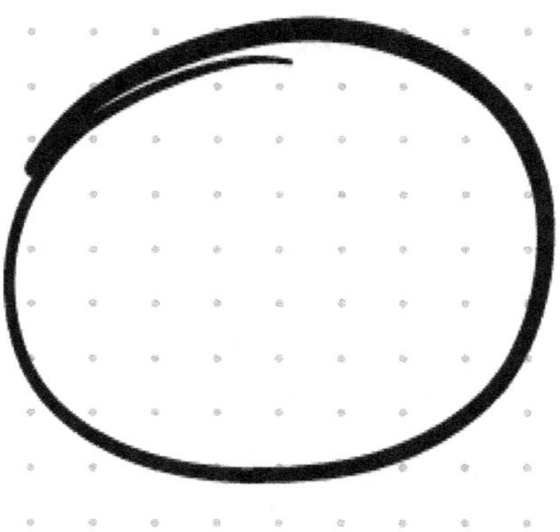

# Reflexión y plan de acción

# Debo alejarme de...

# ¿De qué debes alejarte?

¿Algo que haces frecuentemente?

¿Te has puesto en alguna situación complicada para ayudar a alguien?

¿Existen lugares o personas que me apartan de tener paz?

# Mapa mental

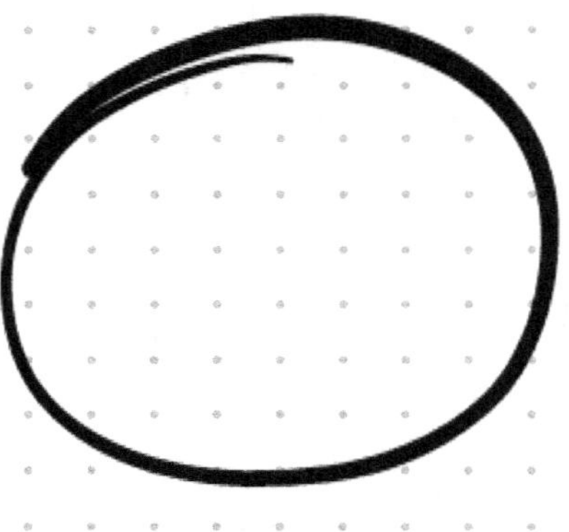

# Reflexión y plan de acción

# Me divierte...

# ¿Qué te divierte?

¿Cuándo fue la última vez que hiciste algo verdaderamente divertido?

¿Te divierte tu trabajo o tu actividad principal?

¿Qué tanto tiempo dedicas a divertirte?

¿Qué es divertido para ti?

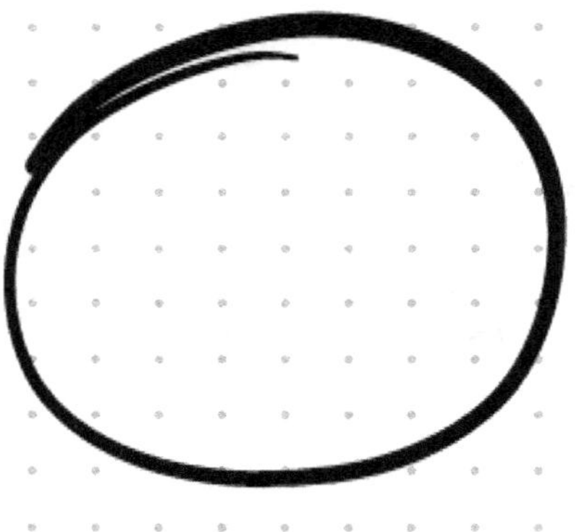

# Reflexión y plan de acción

# Si el dinero no fuera un problema....

# ¿Qué estarías haciendo si el dinero no fuera un problema?

¿Dónde vivirías?

¿Cuántas horas trabajarías?

¿A qué te dedicarías?

¿Hay algo que puedes empezar a hacer desde hoy?

# Mapa mental

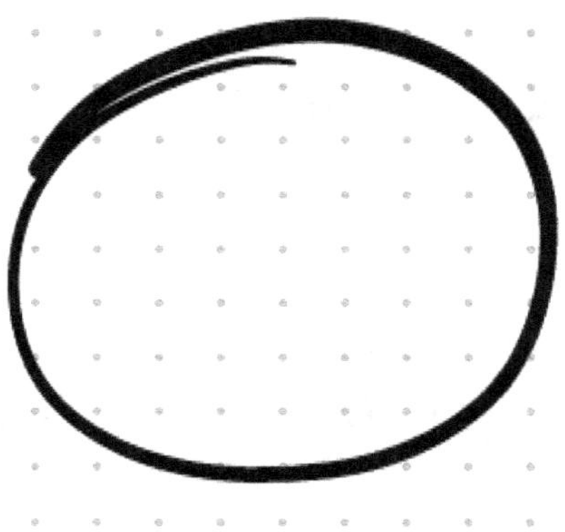

# Reflexión y plan de acción

# Generalmente me preocupa...

**¿Qué cosas te suelen preocupar que no han pasado?** (y es poco probable que pasen)

¿Hay alguna preocupación que sea recurrente?

¿Qué te haría sentir más seguridad?

¿En qué/quién deberías tener más confianza?

# Mapa mental

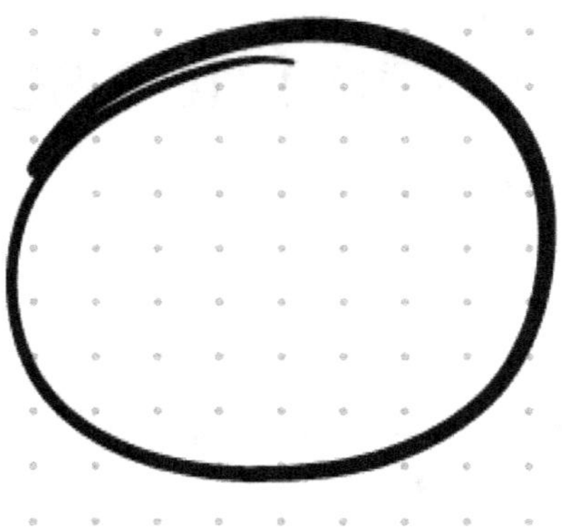

# Reflexión y plan de acción

# Me arrepentiré si no logro....

# ¿De qué te arrepentiras si no lo logras?

¿Qué has puesto en la lista de cosas que tienes que hacer?

¿Qué has dejado para después?

¿Has empezado varias veces algo pero no has alcanzado el resultado esperado?

# Mapa mental

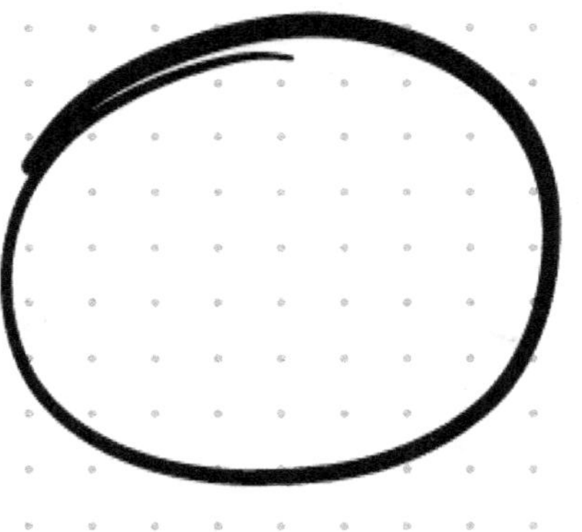

# Reflexión y plan de acción

# La persona que más admiro es....

# ¿A quién admiras y por qué?

¿Es alguien de tu familia?

¿Alguien famoso?

¿Qué cualidades tiene quien admiras?

¿Cuáles identificas en tí?

¿Cuáles te gustaría desarrollar?

# Mapa mental

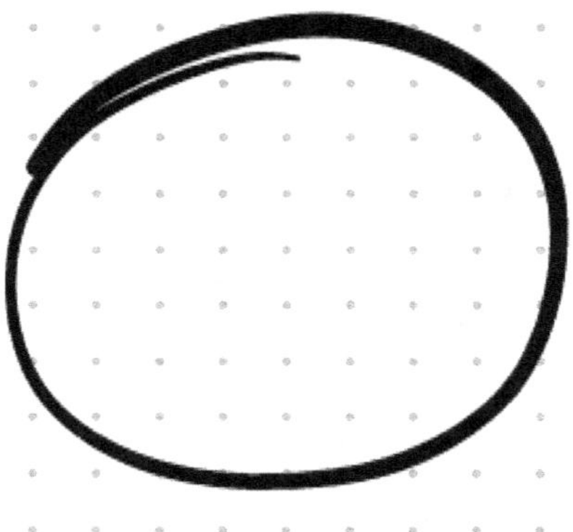

# Reflexión y plan de acción

# En mi mejor versión soy...

# ¿Cómo es tu mejor versión?

¿Qué características tienes?

¿Cómo sería la vida con esta versión?

¿Qué dirían los demás de ti?

¿Qué tan cerca o lejos te sientes hoy?

# Mapa mental

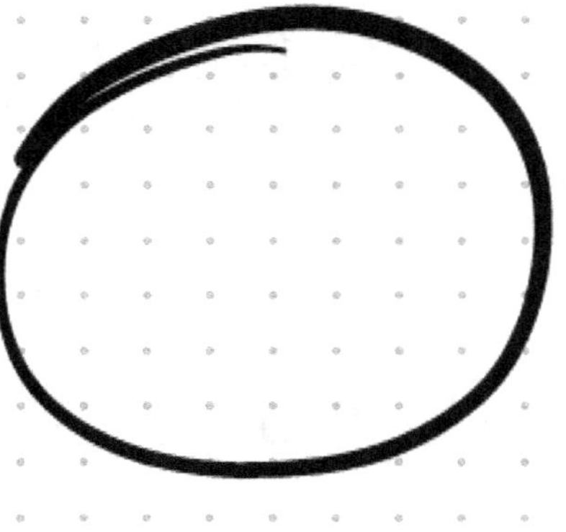

# Reflexión y plan de acción

# Creo que ya soy mayor para...

## ¿Para qué crees que ya eres mayor?

¿Sientes que ya no estás en edad para algo?

¿Actualmente hay personas de tu edad que practiquen esta actividad?

¿Por qué con menos edad sí podrías hacerlo?

# Mapa mental

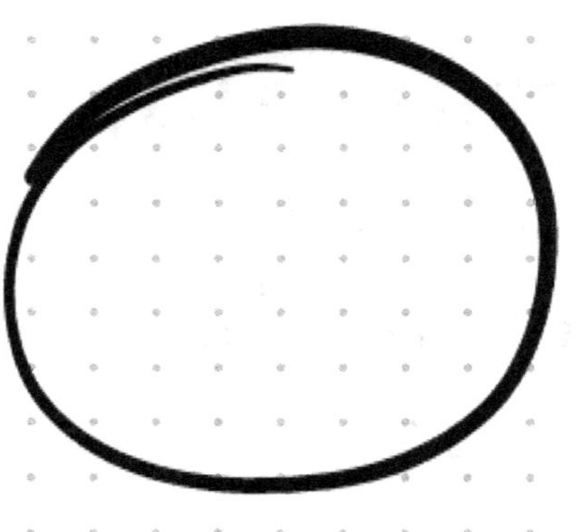

# Reflexión y plan de acción

# Quien más me inspira es...

# ¿Qué persona o personas me inspiran?

¿Qué es lo que tienen o lo que hacen que logran inspirarte?

¿Qué cualidades admiras de estas personas?

¿Qué tan fácil es inspirarte?

¿Qué has logrado a partir de la inspiración?

# Mapa mental

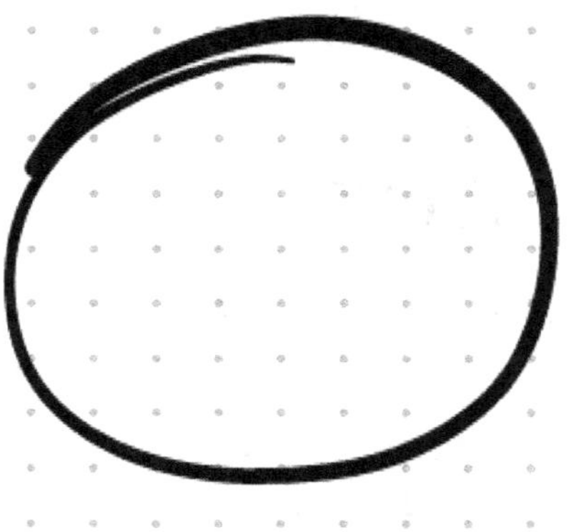

# Reflexión y plan de acción

# Mi mayor meta actualmente es...

# ¿Cuál es tu mayor meta actualmente?

¿Es la meta correcta?

¿Cómo vas?

¿Ya tomaste algunas acciones?

¿Qué seguimiento te estás dando para asegurarte de avanzar?

# Mapa mental

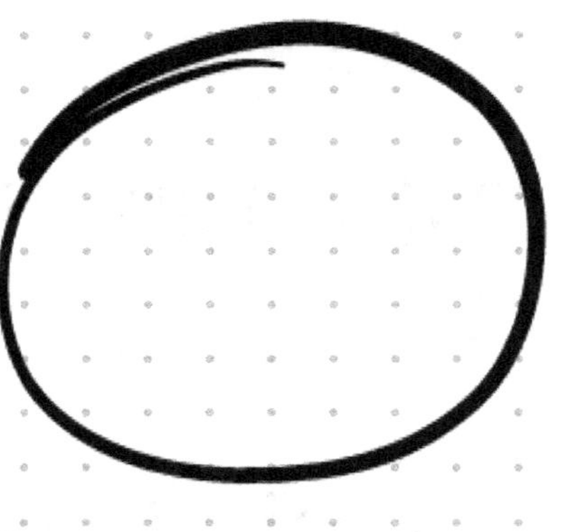

# Reflexión y plan de acción

# Mi superpoder es...

# ¿Cuál sería tu superpoder?

¿Cómo lo utilizarías para ayudar a los demás?

¿Cómo sabrías que alguien te necesita?

¿Cómo te contactarían las personas que te necesitan?

¿Qué publicarían los periódicos o redes sociales de ti?

# Mapa mental

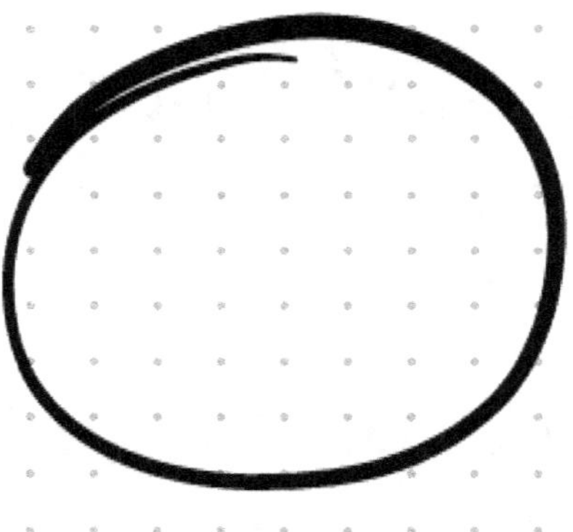

# Reflexión y plan de acción

# Lo que me impulsa es...

# ¿Qué te impulsa?

¿Cuál es la razón que te hace levantarte cada día?

¿Cuál es ese motor que te mueve?

¿Identificas ese impulso en tu vida?

# Mapa mental

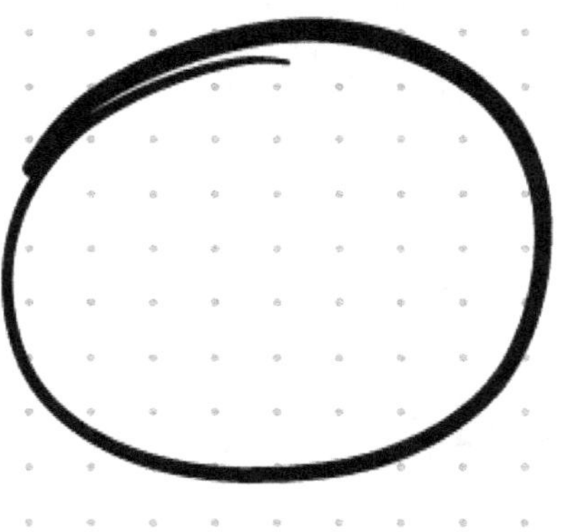

# Reflexión y plan de acción

# Me siento como pez en el agua cuando....

## ¿Cuándo te sientes como pez en el agua?

¿Qué es aquello que te sale fácilmente y sin esfuerzo?

¿Cuánto tiempo pasas en esta actividad?

¿Lo has compartido con alguien?

¿Es algo que puedes enseñar?

# Mapa mental

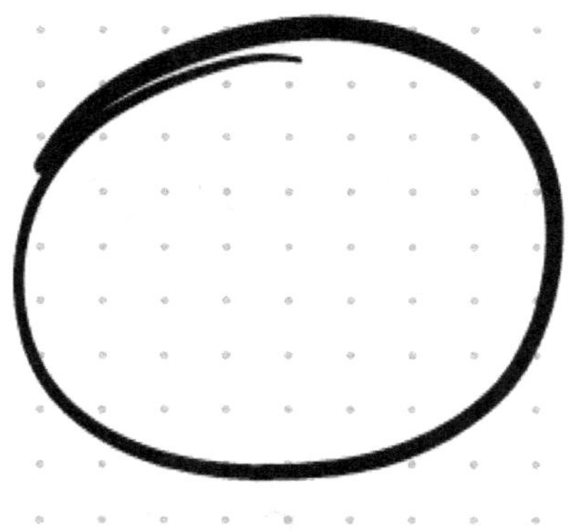

# Reflexión y plan de acción

# Una oportunidad importante que dejé pasar...

# ¿Qué oportunidades has dejado pasar?

Si hoy se presentara esa oportunidad, ¿harías algo diferente?

¿Qué pensabas en el momento que no la tomaste?

¿Qué justificó la decisión?

¿Qué piensas ahora?

# Mapa mental

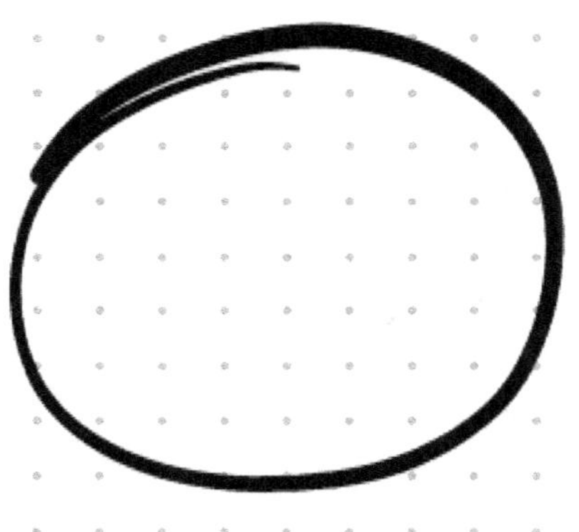

# Reflexión y plan de acción

Me parece que las decisiones que he tomado han sido....

**¿Cómo te sientes con las decisiones que has tomado?**

Ahora que ha pasado tiempo de algunas decisiones ¿Qué piensas de los resultados?

¿Hay algo que podrías hacer diferente a partir de ahora?

# Mapa mental

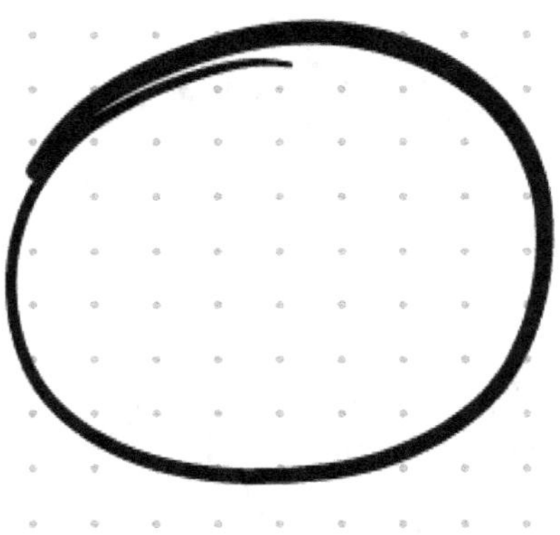

# Reflexión y plan de acción

# Debería perdonar...

# ¿Qué debes perdonar?

¿Qué personas, circunstancias o situaciones del pasado necesitas perdonar?

¿Cómo te ha afectado?

¿Qué podría mejorar?

¿Cómo podrías ser más libre?

# Mapa mental

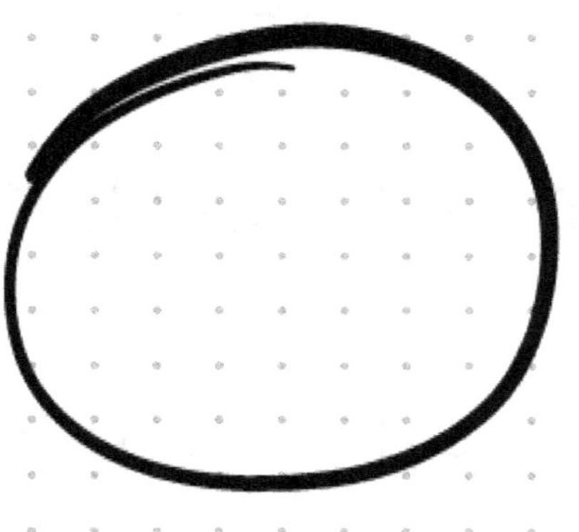

# Reflexión y plan de acción

# Espero de mí...

# ¿Qué esperas de ti?

¿Qué es lo que tú crees que deberías ser o hacer?

¿De dónde nace este pensamiento?

¿Por qué esperas esto?

¿Qué tan cerca estás?

¿Cómo te sientes con quién estás siendo?

# Mapa mental

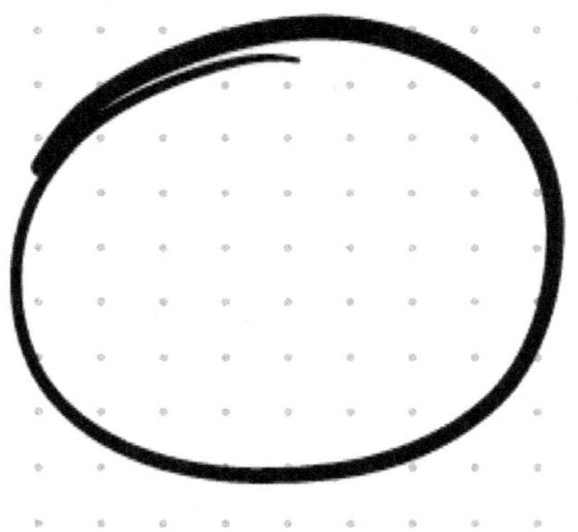

# Reflexión y plan de acción

# Si me lo propongo podría...

# ¿Si te lo propones que podrías hacer?

¿Qué pasaría si lo lograras?

¿Qué cambiaría en tu vida?

¿Quién te puede ayudar?

# Mapa mental

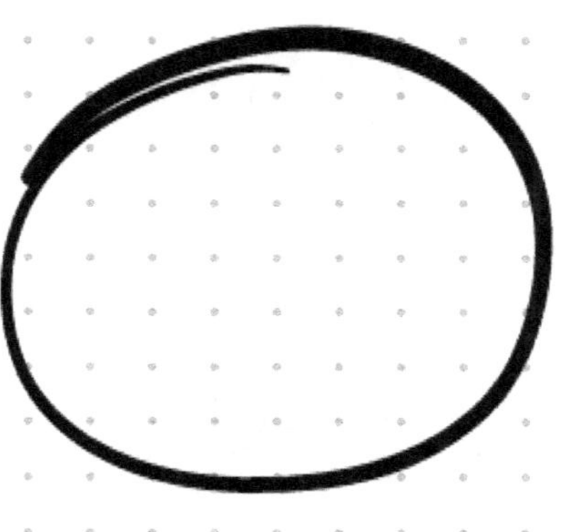

# Reflexión y plan de acción

# Cuando las cosas no salen como espero....

# ¿Qué pasa cuando las cosas no salen como esperas?

¿Qué es lo primero que piensas?

¿Cómo reaccionas?

¿Aprovechas la oportunidad o te quedas esperando que cambie?

# Mapa mental

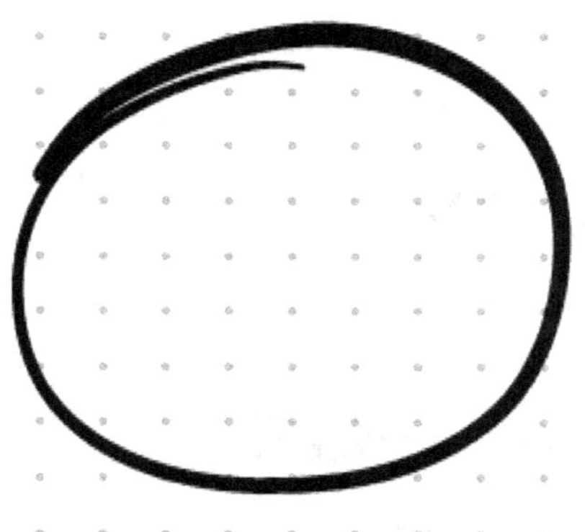

# Reflexión y plan de acción

# Debería agradecer…

# ¿A quién deberías agradecer?

¿Qué persona o personas han estado para ti en todo momento?

¿Quién te ha tendido la mano en un momento de dificultad?

¿Qué situaciones deberías agradecer?

¿Se te ocurre alguna forma de agradecer?

# Mapa mental

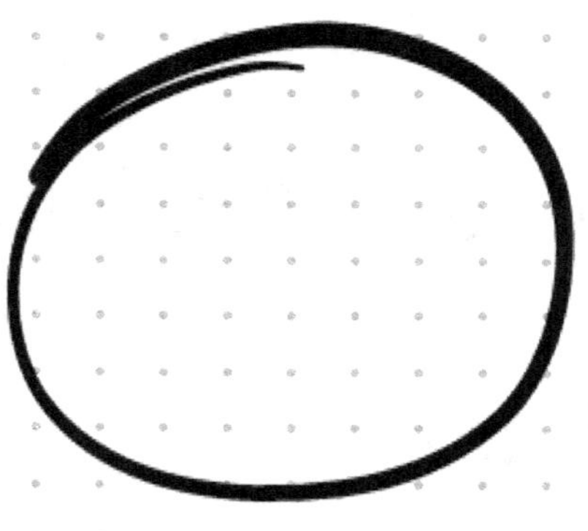

# Reflexión y plan de acción

# He inspirado a...

# ¿A quién o a quiénes has inspirado?

¿Cómo contagias tu energía a otras personas?

¿Hay alguien que te haya dicho cómo has sido una inspiración?

¿Cómo puedes saber que has influido positivamente en la vida de otros?

# Mapa mental

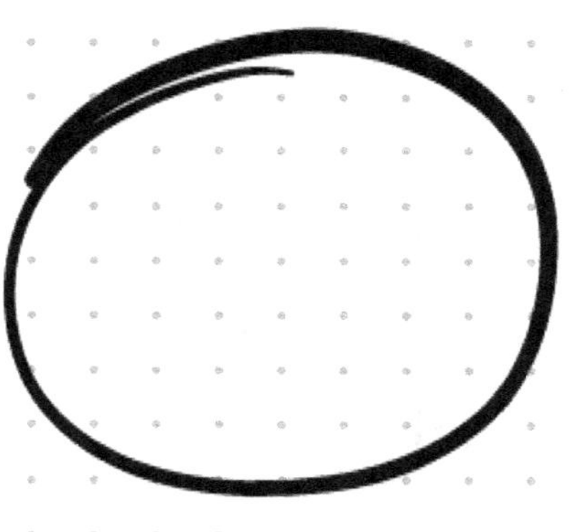

# Reflexión y plan de acción

# Me da miedo...

# ¿Qué te da miedo?

¿Hay algo que frecuentemente te frena?

¿Qué te causa preocupación a la hora de dejar algo o iniciar un proyecto?

¿Confías en que las cosas irán bien, o constantemente piensas que algo puede salir mal?

# Mapa mental

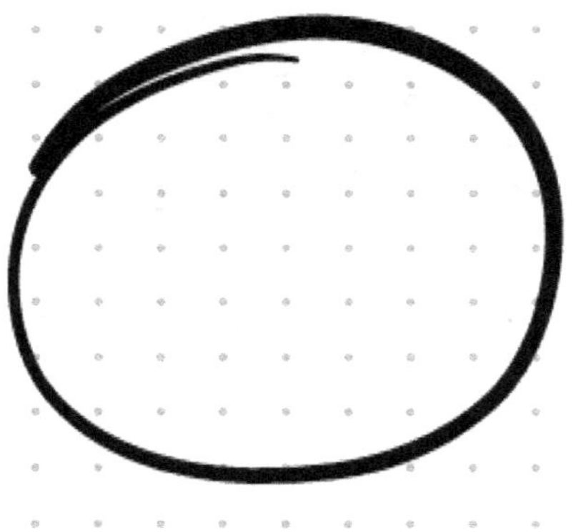

Mapa mental

# Reflexión y plan de acción

# Debería dejar de hacer

# ¿Qué deberías dejar de hacer?

¿Hay algo que te quita tiempo para cosas importantes?

¿Qué hábitos no son saludables para ti?

¿Qué cosas que hoy haces no te traen resultados positivos?

# Mapa mental

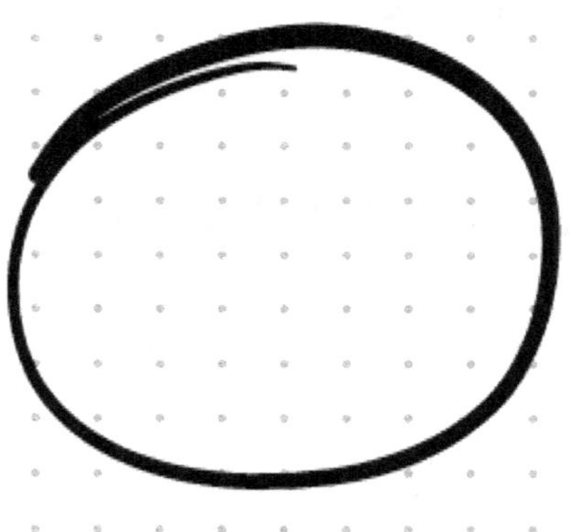

# Reflexión y plan de acción

# Expreso mi creatividad ...

# ¿Cómo expresas tu creatividad?

¿Te consideras una persona creativa?

¿Crees que la creatividad es sólo para los creativos o los artistas?

¿Alguna vez has pensado en la forma que resuelves los problemas cotidianos?

¿Has pensado en las diferentes formas en que has usado la creatividad?

# Mapa mental

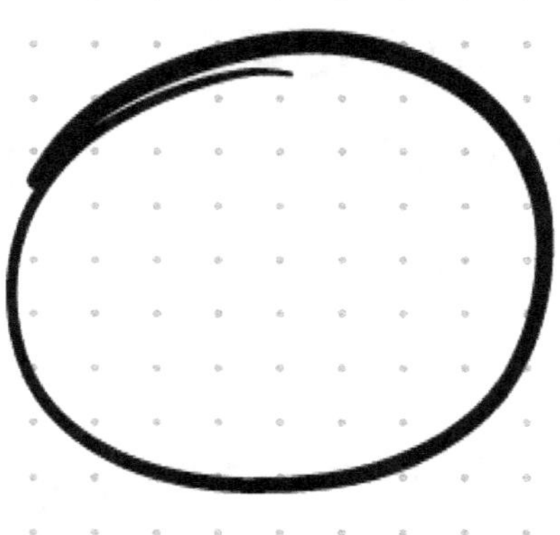

# Reflexión y plan de acción

# Lo que más me gusta de mí...

# ¿Qué es lo que más te gusta de ti?

¿Por qué es esto lo que más te gusta de ti?

¿La gente lo reconoce?

¿Qué beneficios ha traído a tu vida esta característica tuya?

¿Cómo beneficia a las personas que están cerca de ti?

# Mapa mental

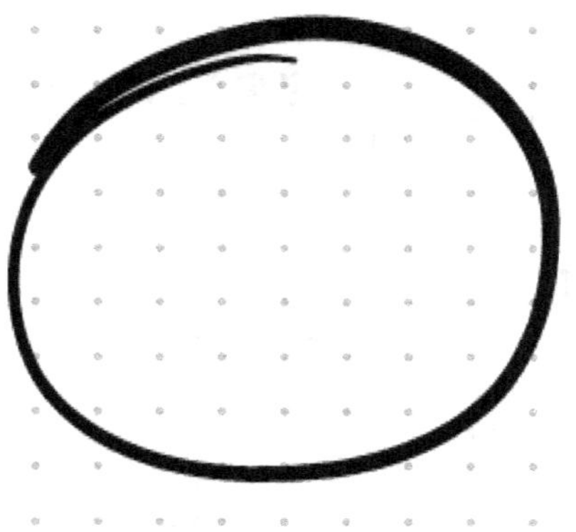

# Reflexión y plan de acción

# Algo que debería hacer y no he hecho....

**¿Qué es algo que siempre has querido hacer pero no has hecho?**

¿Cuándo será un buen momento?

¿Por qué hasta hoy no lo has realizado?

¿Sigue siendo una meta real o es algo que te has acostumbrado a pensar que quieres?

# Mapa mental

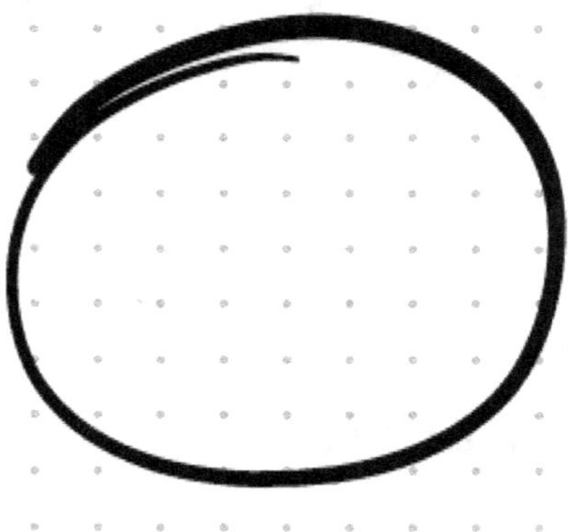

# Reflexión y plan de acción

# Me describo como una persona que...

# ¿Cómo te describes?

¿Cuáles son tus principales virtudes?

¿Cuáles son tus principales defectos?

¿Cómo te sientes al pensar en quien eres?

¿Cómo te describen las personas cercanas a ti?

# Mapa mental

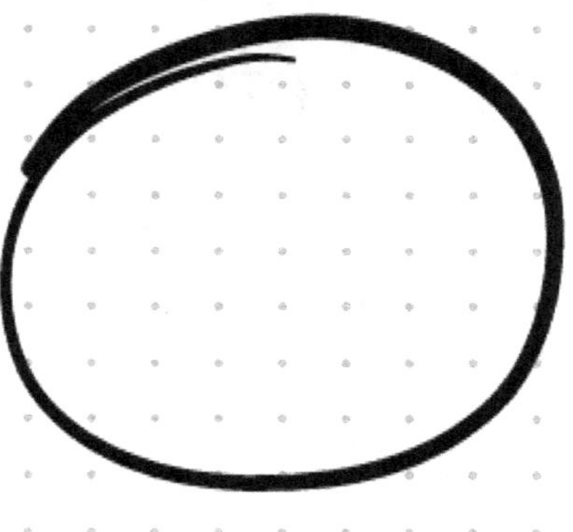

# Reflexión y plan de acción

# Del 1 al 10 califico la satisfacción en mi vida con...

## ¿Qué tanta satisfacción sientes en tu vida?

¿Qué calificación le pondrías actualmente?

¿Qué áreas de tu vida son las que más disfrutas, y cuáles disfrutas menos?

¿En qué tendrías que trabajar para mejorar en cuanto a la satisfacción?

# Mapa mental

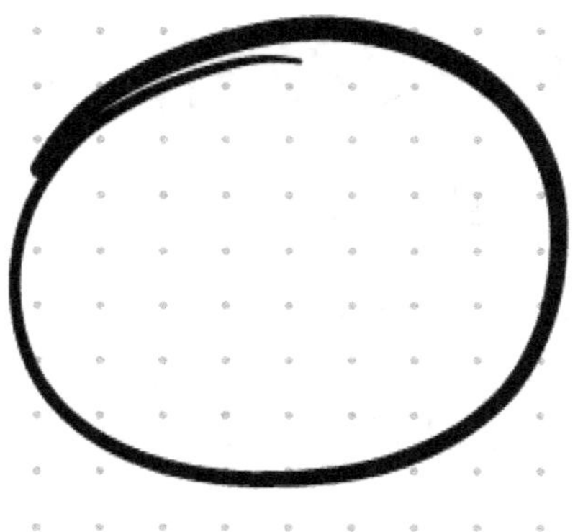

# Reconozco que no soy flexible cuando....

# ¿Cuándo no eres flexible?

Piensa algunas situaciones en las que no has sido flexible.

¿Qué lo provoca?

¿Qué resultados han sido buenos o malos?

¿Qué imaginas que fuera distinto si hubieras sido más flexible?

# Mapa mental

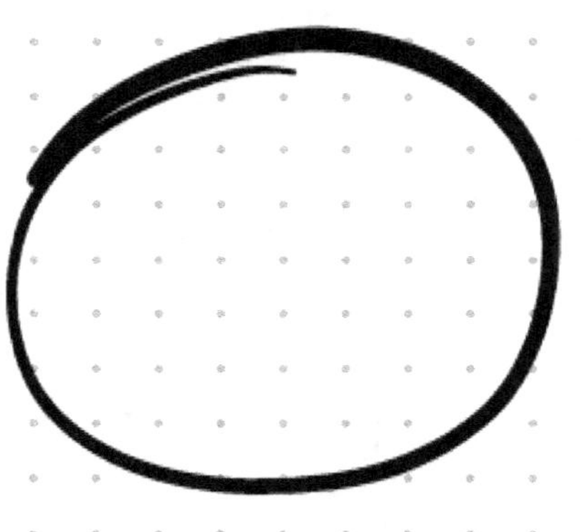

# Reflexión y plan de acción

# Soy una persona genial porque...

# ¿Por qué eres una persona genial?

¿A quienes conoces que son como tú?

¿Cómo sería el mundo si no hubiera personas como tú?

¿Qué brindas al mundo?

# Mapa mental

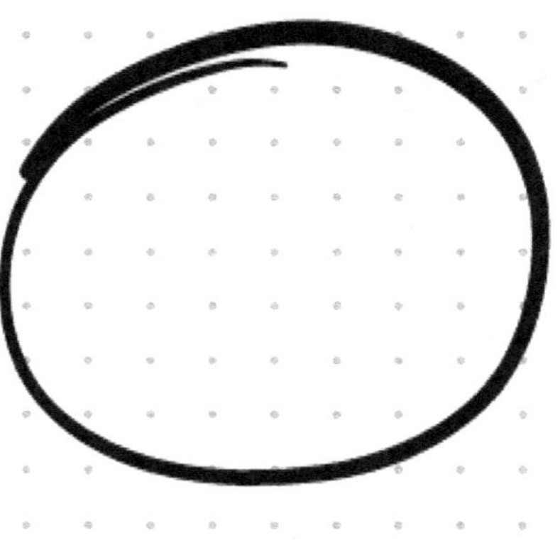

# Reflexión y plan de acción

# Visualizo mi futuro...

# ¿Cómo te visualizas en el futuro?

¿Con quién pasarías el tiempo?

¿Qué te gustaría estar haciendo?

¿Cómo te preparas para que sea una realidad?

¿Qué tienes que definir desde hoy?

# Mapa mental

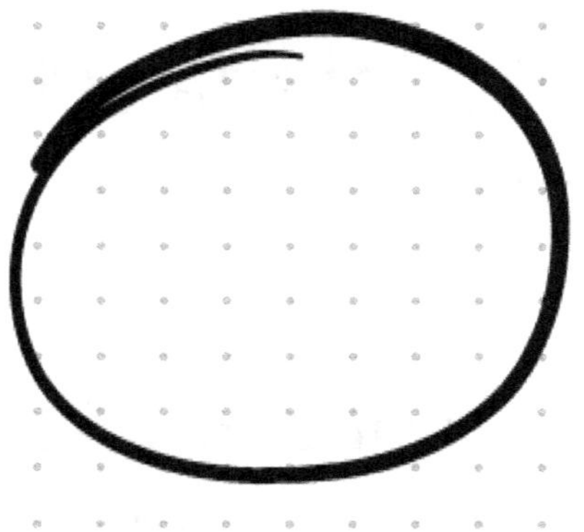

# Reflexión y plan de acción

# Mi red de apoyo

# ¿Cómo es tu red de apoyo?

¿Qué personas son las que regularmente te apoyan?

¿A quién puedes llamar cuando tienes una emergencia?

¿Cuántas personas de tu familia están dispuestas a ayudarte?

¿y de tus amigos o conocidos?

# Mapa mental

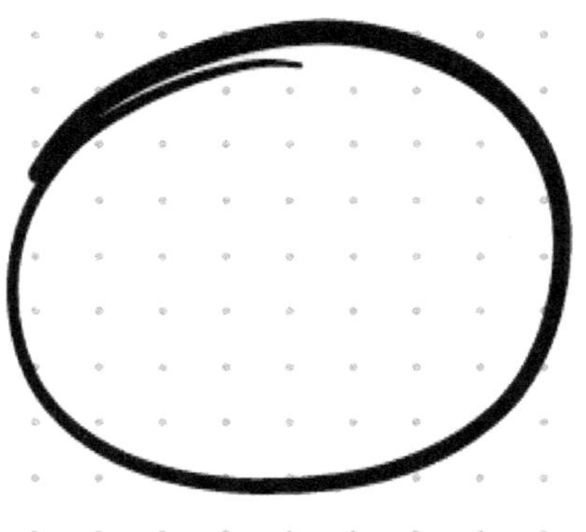

# Reflexión y plan de acción

# Lo que nadie sabe de mi...

# ¿Qué es lo que nadie, o casi nadie sabe de ti?

¿La gente conoce mucho o poco de ti?

¿Qué es algo que crees que la mayoría de las personas no sabe de ti?

¿Por qué nadie conoce esto de ti?

# Mapa mental

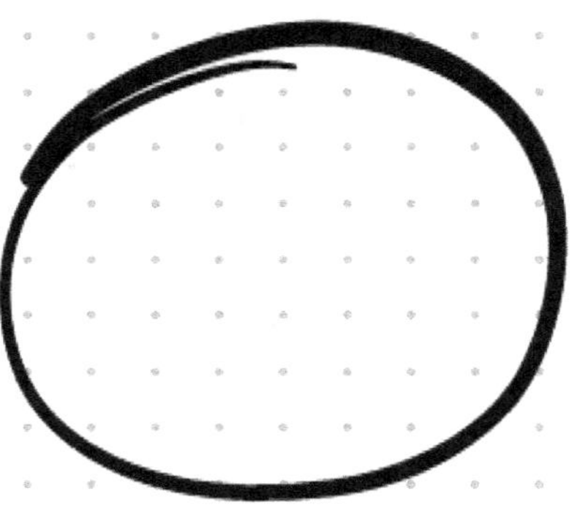

# Reflexión y plan de acción

# El momento más difícil que recuerdo haber vivido es....

**¿Cuál es el momento más difícil que recuerdas haber vivido?**

¿Alguien estuvo contigo?

¿Qué aprendiste de esta experiencia?

¿Hoy lo ves tan difícil como cuando pasó?

¿Qué le dirías a alguien que viviera algo similar?

# Mapa mental

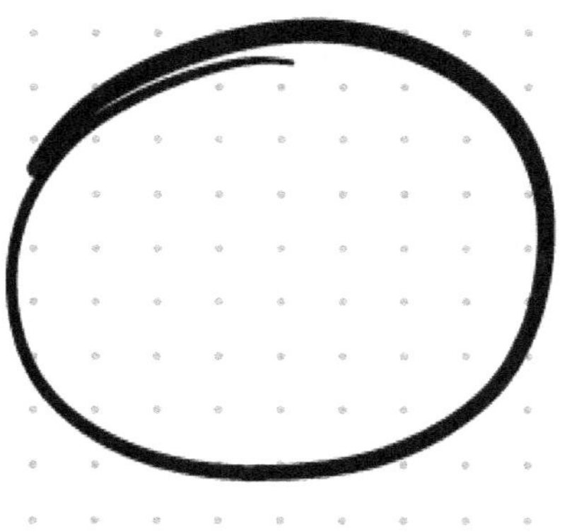

# Reflexión y plan de acción

193

# Mi zona de confort...

# ¿Cuál es tu zona de confort?

¿Te encuentras en este momento en tu zona de confort?

¿o estás en tu zona de expansión y aprendizaje?

¿Qué piensas de esto?

¿Estás donde quieres estar?

# Mapa mental

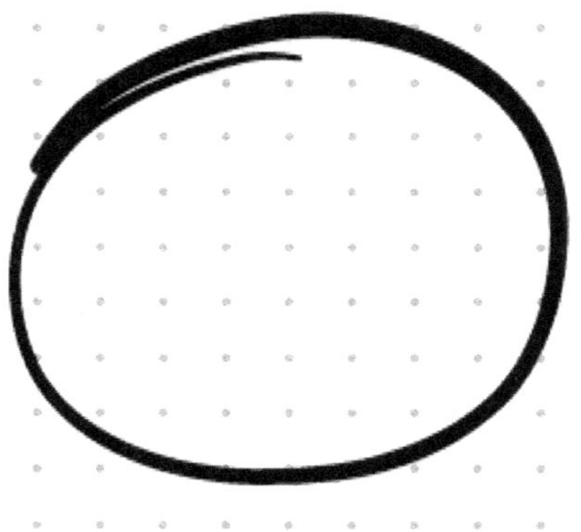

# Reflexión y plan de acción

Reflexión y plan de acción

# Lo que más valoro en otras personas es...

# ¿Qué es lo que más valoras en otras personas?

¿Por qué valoras esto?

¿Tienes cerca a muchas personas así?

¿Esto que valoras en los demás lo tienes tú también?

# Mapa mental

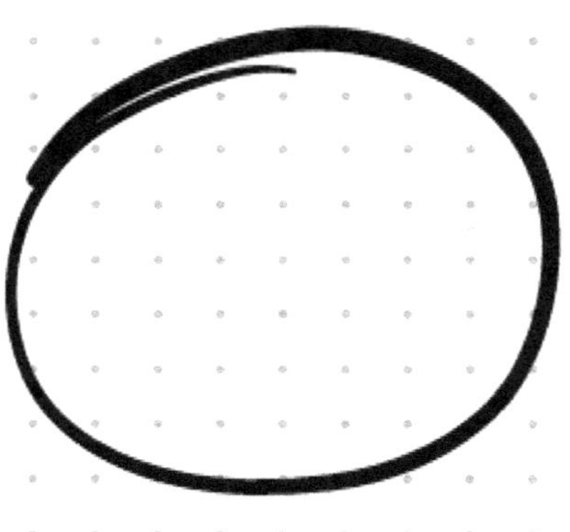

# Reflexión y plan de acción

# Creo que soy capaz de...

# ¿De qué crees que eres capaz?

¿Te has preguntado hasta dónde puedes llegar si de verdad te lo propones?

¿Hay algún logro que no sabías que podías alcanzar?

¿En qué ocasiones te has auto-sorprendido?

# Mapa mental

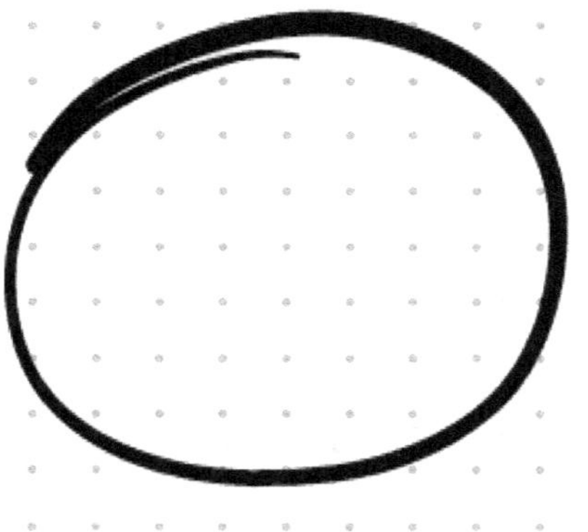

# Reflexión y plan de acción

# La huella que quiero dejar en el mundo es....

# ¿Cuál es la huella que quieres dejar en el mundo?

¿Qué piensas de la trascendencia?

¿Has avanzado algo en cuanto a dejar huella?

¿Crees que lo que se siembra se cosecha?

# Mapa mental

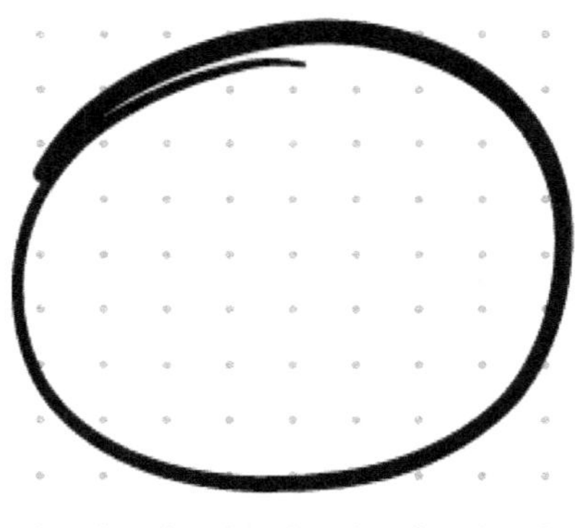

# Reflexión y plan de acción

# Lo más importante en este momento es...

**¿Qué es lo más importante en este momento de tu vida?**

¿Cuánto tiempo hace que esto es prioridad?

¿Por qué es lo más importante para ti?

¿Actualmente lo que haces tiene que ver con esta prioridad? ¿o algo de menor prioridad  te ocupa el tiempo?

# Mapa mental

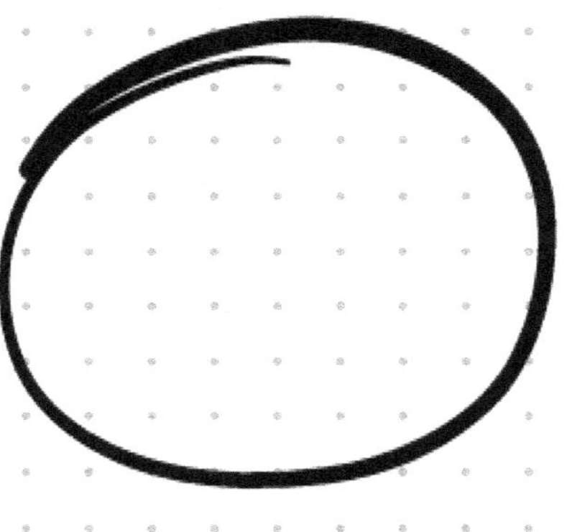

Mapa mental

# Reflexión y plan de acción

# El mayor logro que he tenido es....

# ¿Cuál es el mayor logro que has tenido?

¿Por qué consideras esto como un logro?

¿Cómo se desarrolló?

¿Qué aprendizajes obtuviste de esta experiencia?

# Mapa mental

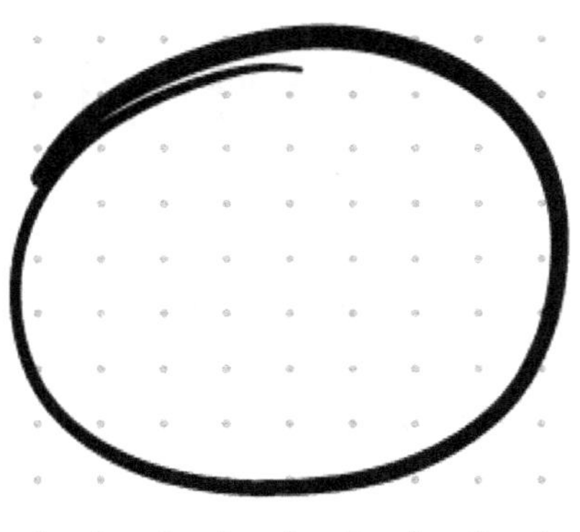

# Reflexión y plan de acción